시간 따로 여행

-시간이 필요 없는 영원의 여행

이태창

목차

준비

사람은 건설하는데 중요한 관심을 가집니다. 하지만 유지, 보충, 관리하는데 더 묘미가 있음을 깨달으면 좋겠습니다. 결론적으로 건설할 때 유지, 보충, 관리를 신경 써서 만들라는 것입니다. 모든 생산이나 판매에서도 마찬가지입니다. 새로운 것을 할 때는 이를 신경 써서 해 놓으면 나중에 엄청 좋습니다. 예산은 별로 안 들지요. 관심을 가지고 해 놓으면 됩니다. 준비만 하는 것이니까요. 하지만 결과는 업그레이드되는 것입니다. 어떻게 이렇게 될 수가 있나, 이렇게도 되는 구나... 놀랄 수밖에 없습니다. 준비 하나가 새로운 국면을 맞이하게 되는 것입니다. 참으로 좋은 일이 아닐 수 없습니다. 자세한 것은 연구를 해야 합니다. 하지만 준비 하나로 또 다른 결과물, 또 다른 업그레이드를 만들어 낼 수 있는 것입니다.

운명적

변화하는 과정은 미리 정해진 것입니다. 하지만 목표를 정해 놓고 변화하는 과정은 운명인 것입니다. 우리는 가끔 '지혜를 얻는다' '지식을 얻는다' 라고 하고 있지만, 삶 속에서 나타나는 것은 즐거움이 최고의 지혜요, 최고의 지식이라고 생각됩니다. 속되든 속되지 않던 시간을 통해서 돈과 즐거움과 스릴을 맛 볼 수 있다면 굉장한 소일거리일 것입니다. 이런 건전한 일자리가 있다면 대박이지 않을까요? 하지만 보통의 경우에는 지루한 일이 대부분입니다. 그래서 청어가 필요한 것입니다. 무시무시한 상사, 선배가 있어야 스릴이 있는 것이지요. 주위에 그런 친구 하나 있는 덕분에 내가 우리가 되고 팔팔 살아서 생명력이 있어지는 듯 합니다. 보통은 불안의 요소라 두렵기도 하고 경계의 대상이지만 단합하면 직구의 대상인 것입니다. '스트라이크 아웃' 시킬 수 있지요.

노래가 좋아서 노래를 잘 부르다 보니 내 목소리가 예상치 않습니다. 요즘같이 노래방 시대는 가수의 경쟁률이 높은데, 남보다 월등해야 가수로 일정 받을 수 있으니까요. 율동, 목소리의 감미로움, 표정, 몸매, 그 모든 것이 표준 이상이어야 됩니다. 자신의 노래를 남들이 들었을 때 모습에서 이미지로 표현되어야 하는 것이지요. 그 뿐만 아니라 다시 생각나야 합니다. 구절 구절이 생활과 밀접해야 할 뿐만 아니라 더할 수만 있다면, 즐거우면 즐거운 흥이, 슬프면 슬픔의 감정이 전달되고 그것으로 인해 내 생활이 변화는 것, 이것이 운명적이어야 한다는 것입니다.

꿈꾸는 자

꿈을 꾸는 자는 꿈만 꾸는 것이 아닙니다. 그림을 보고 반응을 일으킵니다. 그렇게 하고 싶고 그렇게 준비되어 지는 것입니다. 내가 꾸는 꿈은 그 방향이 어딘지 모릅니다. 어떻게 행할지도 모릅니다. 하지만 하늘에서 주는 꿈은 길이 있고 예언이 있고 상황이 전개되기도 합니다. 반드시 이루어집니다. 전적으로 상황 전개가 눈에 비밀적으로 보입니다.

꿈을 이룬 많은 사람들은 꿈을 이루는 동안 눈물이 날 때도 힘이 들 때도 꿈을 생각하며 이겨 내었다고들 합니다. 꿈은 현실을 이기는 힘이 있는 것입니다. 꿈과 함께 중요한 것은 행동이 중요합니다. 꿈이 이루어지기 위해서는 필요한 행동이 반드시 있어야 합니다. 남을 사랑하는 행동, 신을 사랑하는 행동이 필요합니다. 신은 그에게 길을 이끌어 주고 필요한 행동을 취하도록 합니다. 그렇게 되도록 훈련시킵니다. 그 훈련을 다 하고 나서야 목적, 즉 꿈을 이루게 해 줍니다. 하늘에서 주는 꿈은 곧 나의 꿈이기도 하지만 신의 꿈이기도 합니다. 신도 나도 그 꿈을 이루기 위해 무던히도 노력하는 것입니다. 열심히 하는 것을 기본으로 하고, 요령을 터득하여 즐기면서 하고, 다음 미친 듯이 하는 것이다. 이 3단계들을 지나고 나면 낙천적이 되는데, 막힘이 없이 잘 해 나가게 됩니다. 어느 곳에도 해결책이 떠오르고 해 나가서 결국에 꿈을 이루게 됩니다.

진정 보람찬

재미로 하는 것 보다 보람 찬 일이 더 뿌듯하고 활기참니다. 재미로 하는 일은 즐겁고 행복하지만 보람찬 일은 의미가 있고 '나'라는 존재에 대한 가치를 느끼고 더욱 힘이 생기며, 가슴에 뿌듯하며 다하고 나면 생기가 돌아 자신이 활기차고 건강해집니다. 하고 나서는 더 해보고 싶어지기도 합니다. 이것을 두고 '보람차다 하는구나' 깊이 의미를 두기도 합니다. 하지만 보람찬 일도 재미가 없으면 오래가지 못합니다. 재미있는 보람찬 일을 해야 할 것입니다. 보람에 재미를 붙이며 의미가 달라집니다.

보람찬 일을 계속 하면 뿌듯함을 느끼는데 재미를 붙이다 보면 재미있는 보람참을 경험하게 될 것입니다. 그런 일이 무엇이 있을까? 사람마다 다 다릅니다. 어디에 보람을 느끼는가는 자신의 마음에 달려있고 무엇을 추구하느냐에 달려있습니다. 사람들은 들어오는 돈과 명예를 더 사랑합니다. 사실상 돈이 명예가 없거나 부족하다면 그것은 보람차기가 힘들 것입니다. 돈과 명예가 유효적절할 때 보람찰 수가 있는 겁니다. 그래서 많은 돈과 명예를 받지는 않더라도 유효적절한 돈과 명예에서 보람찬 일을 하는 것이 좋은 선택입니다.

나는 여러 가지 일을 하고 싶습니다. 그럴 때 마다 나의 능력이 나오는데 그 능력이 어떻게 발휘될지 궁금해지기도 합니다. 어떤 상황이 되어도 극복해 낼 자신이 있다는 확신이 들 때까지 일을 계속하고 싶습니다. 나는 보람찬 행동을, 보람찬 일을, 즐기면서 하고 싶은 마음입니다. 세상을 누린다는 것이 얼마나 행복한지... 보다 나은 내일을 위해 선택하길 바랍니다.

극복

적극적 사고를 가지고 나름대로 해 보지만 인간의 체력은 한계가 있습니다. 그래서 한계점에 도달하게 되면 적극적 사고도 정점에 이르게 됩니다. 사고의 한계에 다달은 그때 인간은 쉬게 되거나 병에 걸리게 되는데 그 결과 문제의 초점은 빗나가고 여러 가지 해답에 대한 적극적 사고는 퇴보 되고 마는 것입니다.

체력이 끝나는 것을 보지만 속으로는 '해야 되는데 해야 되는데'를 외치며 미궁 속에서 일어나려고 외치고 있는 것입니다. 이 정도까지 왔다면 답은 안 나오고 길도 안 보이고 문제는 커 보이는 것입니다. 어떤 결과를 낳아야 할까? 어떤 행복감으로 전환시켜야 회복 될 것인가? 지금 할 수 없다면 몸과 마음을 회복시키고 다음에 다시 시도 할 수밖에 없습니다. 다른 차원으로 행복감을 느낄 수 있다면 회복이 되는 것입니다. 행복해지면 몸과 마음의 에너지는 충전이 되는 것입니다. 그렇게 된 후 새로운 시도를 할 수 있습니다. 새로운 시도는 차원이 다른 방법으로 하면 에너지는 더 활성화 되고 원활하게 움직여질 것입니다. 그 점에서 모든 해결책이 나타나는 것입니다. 한번 도전 해 보십시오.

자긍심

자긍심을 가진다는 것은 남 몰래 '나 잘났다'는 것을 의미합니다. 남들 앞에서 '나 잘했지' 하면 교만이요 미움 받기 좋지만, 남 몰래 나 혼자만 '나 잘났어'를 한다면 자긍심이 높아지는 겁니다. 그것도 자기의 노력이 아닌 자연스러움으로 잘 생각해 보면 원래 나는 잘 난 사람이 아니었는데 이렇게 잘나다니 내 스스로가 놀람에 '나는 정말 놀랍습니다'. 이런 멘트가 필요한 것입니다.

그러다 보니 봉사나 기부에서 그것이 잘 이루어집니다. 칭찬의 글이나 말들이 쏟아지면서 스스로 감사와 선한 의지가 나타나기 때문입니다.

이런 말이나 글들이 나름대로 그 사람이 마음을 따뜻하고 뿌듯하게 하여 자신의 존재를 높여줍니다. 그러다 보면 나쁜 행동이나 악한 행동을 하지 않고 선한 행동을 하여 착한 의로운 사람이 되어 복을 받게 되는 것입니다. 물질적 복, 명예적 복, 은총적 복을 받게 되는 것이지요. 많은 사람들은 자신의 일을 해 냄으로써 자존감을 높이려 합니다. 높은 지위에 올라 잘 되면 자존감이 높아져 멋진 모습으로 변화하는 줄 압니다. 사실 그렇기도 합니다. 높은 위치에 가서 언제 일일이 모습을 챙길 것인가! 하지만 봉사와 기부로 적절히 하는 동안 대외적으로 생각에 따른 행동을 나타냅니다. 재주도 좋다 할 정도로 말입니다.

성장 1

나 자신의 성장을 기대하면 항상 따르는 것은 그 만큼의 고통이 수반되어야 한다는 것입니다. 고통이 있어야 성장이 있고 수준이 향상 됩니다. 그런 다음 유지가 계속 되고 다시 향상 되어 계속 유지가 되는 그래프 곡선을 그리는 성장은 우리를 기대하게 합니다. 이런 성장 곡선은 우리를 저 높은 곳을 향하여 나아가게 합니다. 정말 신의 성장 곡선인 것입니다.

사랑이 성장하는 것도 이와 같습니다. 크게 확대되고 유지되었다가 다시 크게 확대되고 다시 유지됩니다. 이전의 성장은 끝이 점점 위를 향하고 있다는 것이죠. 그 결과 더욱 발전시키고 목적을 더욱 높은 곳에 두게 되는 것입니다. 이 그래프는 보통 사람들의 성장 그래프가 아닙니다. 부처가 된 사람들이나 도에 들어간 사람들의 성장 그래프입니다.

고통을 유효 적절하게 이용해서 그것을 이겨 냄으로서 그 결과치를 성장에 두고 발전하는 것입니다. 그러면 신의 성장 곡선이 되는 것입니다. 얼마나 멋진 일입니까! 해보면 알지만 퇴보란 없고 안정 되고 유지되고 발전적이기도 합니다. 계속되는 여러 가지 것들에 얼마나 새로운 것이겠습니까!

자식의 길

잘 되는 길은 누구를 막론하고 가고 싶어 합니다. 가고 싶어 했고 가고 싶어 할 것입니다. 그 반면 못 되는 길은 누구를 막론하고 가고 싶지 않는 것입니다. 그러면서 나름대로 바로 가는 길을 찾아 가고 바른 길을 정해 놓고 살아갑니다. 세상일은 나는 가지 못하나 내 자식 만큼은 가게 하려는 기조가 있습니다.

그러다 보니 내 자식이 잘못 된 길로 간다 싶으면 부모는 엄청 화내며 바른 길 가기를 기대하는 것입니다. 아이는 아이의 길을 가고 싶은데 부모님이 강조하니까 제 길을 가지 않으려고 합니다. 부모는 아이의 스승이 되어 잘 되는 길로 유도 해 주면 되는 것입니다. 아이의 세상을 잘 이해하고 그들이 코끝이 시큰 할 정도로 감동을 받아 따라 올 수 있도록 자신들이 그렇게 할 수 있도록 하면 잘 되는 길로 갈 것입니다. 잘 되는 길은 몰라서 그 길을 안 가는 것이 아니라 안가서 그 길을 못 가는 것입니다.

고통을 받아야 되고 피해자가 되어야 되고 공격을 당해야 되니까 그 길을 가지 않습니다. 그러나 잘만 하면 지혜롭게 승리하는 길이 있습니다. 전체를 아우르며 기분 좋게 해 낼 수 있는 길이 있는 것입니다. 그 길은 유튜브의 정도령을 보면 알 수 있습니다. 이태창을 찾아보면 그 방법을 알 수 있습니다.

준비가 중요

자신의 사회를 살아가는 동안 영향을 주고 영향을 받으며 성장해 가는데 결국엔 내 관심은 돈과 명예에 있습니다. 그러다 보니 세상 사는 것이 즐겁지만 않고 각박하기가 이를데 없고 잔고를 생각하면 늘 불안하기만 합니다. 그러니 돈 바구니를 받는 것이 평생 소원이 되는 것입니다. 그런데 평생 모은 돈으로 기부를 했다는 이야기를 들으면 저 사람은 어떤 사람일까 하는 의외의 미소를 띄웁니다.

돈 버는 것, 명예를 얻는 것이 이 땅에선 중요합니다. 생존에, 의미에 관여되니까. 하지만 저 세상에는 무엇일 중요할까? 그것을 알면 세상살이가 바뀌는 것입니다. 이 세상 살아가면서 필요한 것을 준비도 하지만, 저 세상에 가서도 필요한 것을 준비한다면 그 사람은 굉장히 지혜로운 사람입니다. 왜냐? 생을 알기 때문이지요. 인생이 이 지구상에 것으로 끝나지 않고 저 세상으로 이어진다는 것을 알기 때문에 저 세상의 부와 명예도 챙긴다는 것입니다. 아니 저 세상 만큼은 챙긴다는 것입니다. 이 세상은 잠시이고 저 세상은 영원하다는 것이죠. 그리고 이 세상에 저 세상이 오는 지상천국의 시대에는 모두가 깜짝 놀랄 일들이 일어나기 때문에 준비를 잘 해야 하는 것입니다. 나는 잘 할 수 있습니다. 나는 철저히 한다는 정신으로 다가오는 지상천국을 준비 한다면 지금은 어렵더라도 지상천국 시대에는 그때 만큼은 꼭 행복하게 부유하게 살 수 있을 것입니다.

되련다

상대방이 아무리 비난해도 이길 수 있는 것은 그때의 상황이 옳기 때문인 것입니다. 내 스스로가 판단 할 때 이기는 것은 절대로 나를 공격하는 자를 누르는 것 보다 그 주위에 있는 사람들이 내 편이 되도록 진심으로 대하는 것입니다. 그때 벌써 승리하는 것이지요. 내가 승리의 잔을 마시는 것은 그가 위협을 느끼고 행동에 제재를 받는 다면 나는 잔을 마시는 것입니다. 언제나 그렇듯이 한발 앞서 승리를 하는 것이지요. 나에게는 믿지 못하는 것 보다 하지 않는 것이 많습니다. 해 낼 수 있는 것은 다 해 내는 그런 멋진 남자가 되어 보렵니다. 그 멋진 남자가 지금 글을 씁니다. 심금을 울리게 하기 위해 결국엔 깨달음인 것이지요. 깨달음을 얻게 하기 위해서 이루어진 일이니 깨달음이 이루어진 이후에는 승리 할 때까지 최선을 다하는 것입니다.

나는 나대로 그리고 모든 것을 순서대로 특수한 느낌이지만 만남 자체에 좋지 않은 것을 두지 말고자 합니다. 만남은 인연으로 즐겁게 만들 수 있는 것. 만나서 체인지 시킬 수 있는 것. 그것을 위해 경제를 연구하고 법을 공부하고 역사와 문학을 공부하지 않았습니까! 자동적으로 내사에 깊은 연민을 두고 짐작하지만 나는 승리자요 감동의 연설자라 죽음은 우리를 가만히 있게 못합니다. 이제는 우리 마음대로 할 수 있는 필요악이 되어 버렸습니다. 나를 가치 있게 만드는 해결책이 된 것입니다. 스스로 노력하여 결과를 창출합시다.

중심

최근 굳센 작품은 오래 갑니다. 부드러운 작품은 환영을 받지요. 이처럼 우리는 모든 것이 역사에 남도록 기록되어지길 원합니다. 역사의 한 모퉁이에 차지한다면 그것으로 인해서 우리 인생은 우리 작품은 냉엄한 잣대로 저울질해지며 이 저울질이 계속해서 사람들의 입에 오르내리면서 평가받게 될 것입니다. 그 결과 모든 사람이 정의로운 판단을 하게 될 것입니다. 그러나 놀고먹는 사이 우리는 작품 활동을 그치게 되고 그로 인해 미백만이 그 시간대에 남게 됩니다. 작품은 우리의 인생 업적입니다. 결과적으로 남의 작품을 보고 내 작품을 본다면 비교가 되고 더 좋은 작품을 만들려 노력은 하겠지만 내 작품을 보고 남이 갖지 못한 것을 발견해 낸다면 그것 또한 위대한 발견인 것입니다. 위대한 발견을 통해 내심 긍정적 마인드로 더욱 매진하여 대작을 이루는 사람이 많이 나와 역사의 중앙에 자리 잡길 바랍니다.

노래는 노래, 미술은 미술, 영화는 영화, TV는 TV, 사회는 사회, 정치는 정치, 문화는 문화 등 모든 분야에서 좋은 작품들이 나와서 대박 나시기를 원합니다.

결혼의 유지

결혼 생활을 한다는 것은 조직 생활을 하는 것입니다. 마치 두 임원이 되어 가정이라는 조직체를 운영해 나가는 것이지요. 거기에 서로 책임을 분담하고 의견을 조율하고 즐기며 양육하는 것입니다. 물론 회장과 부회장은 선출이 아닌 만남으로써 정해지는 것입니다. 그렇게 시작된 결혼에서 일이 생기면 회의를 하고 문제 해결의 길을 찾는다면 현명한 길로 갈 것입니다. 사실 그렇지요. 서로의 입장을 잘 안다면 도와주고 조율하고 이해해 주겠지만 그렇지 못할 경우에는 자신의 처지를 이해해 달라고 이야기 할 수 없을 때도 있지만 용기를 내어 요청해야 합니다. 왜냐하면 워낙 '이것도 못하나? 저것도 못하나?' 하며 꾸중 들어왔기 때문입니다. 그러나 그런 모략에 걸리지 말고 과감하게 '난 이것밖에 못해요'하고 잘 될 때까지 솔직히 이야기 하는 것이 필요합니다. 결론은 결혼 생활은 소통이 있어야 하고 대화와 반응 속에서 맞출 것은 맞추어 나가서 결론적으로 높은 수준의 결혼 생활을 할 수 있게 됨을 알게 될 것입니다.

고를 통해

잘 배워 놓은 것을 행동이 나 몰라라 하고 움직여 버리면 도로아미타불입니다. 그러나 배운 것을 활용하는 움직임으로 바꾸면 배웠던 것이 기억나면서 활용하게 됩니다. 그러다 보면 남이 1개 행동 할 때 10개를 행동하는 사람이 되지요. 사람이 봉사와 기부의 행동을 하는 것은 좋은 행동이라는 것을 알지만 그것을 활용하면 엄청 좋다는 것을 모르기도 합니다. 그때 기억 했던 것, 행동했던 것들을 활용하면 굉장히 일상생활에 도움이 되고 발전적으로 됩니다. 아픈 느낌, 괴로운 느낌이라 싫다 하겠지만 반대로 고를 통해 도통한다 생각하면 그보다 좋은 일이 어디 있겠습니까!

운은 좋은 것입니다. 생각지도 않게 행복이 행운이 찾아오는 것입니다. 잘 하는 행동이 습관이 된다면 일반

사회생활에서도 자신감을 가지고 잘 헤쳐 나갈 수 있는 겁니다. 보다 넓고 바른 생활을 할 수 있을 것입니다. 너무 어려 이해하기 어려운 아이들 말고 나이가 들어 가난이 뭐고 장애가 무엇인지 아는 아이들에게 설명해주고 앞으로 미래에 더욱 발전적인 상황, 현실이 전개 될 것이라는 비전을 심어 준다면 우리는 이 아이들에게 미래에 큰 꿈과 비전을 심어 주게 될 것입니다. 아이들이 큰 꿈을 가지게 된다면 멀지 않아 학창시절에도 좋은 과정을 거치고 직장, 결혼, 가정생활도 착실히 해 나갈 것으로 봅니다. 그러나 큰 비전을 달성하기 위한 변수는 있겠지요.

순종

지속적인 발전을 계속하다 보면 자기에게 주어진 여러 능력들을 놓고 사는 경우가 많습니다. 그럴 때에는 마음을 낮추어 어려웠던 시절을 떠 올려 보는 것도 매우 중요합니다. 그 시절을 통해 생각하고 느꼈던 것을 내심 축적해 보면 지금의 상태에서 분명히 능력을 쓸 수 있을 것입니다.

많은 노력을 들여서 일구어 낸 능력들이지 않습니까! 그 능력들은 잘 쓰는 것도 좋은 일입니다. 내가 할 수 있는 일이고 환영 받을 일인 것입니다. 지금보다 더 업그레이드 합시다. 그리되면 이 상태에서 능력을 발휘 할 수 있을 것입니다. 그렇게 하면 무엇이 좋은가! 두말하면 잔소리이지요. 발전된 내 모습에다가 능력이 출중히 나오니 금상첨화인 것이지요.

스스로 돕는 자를 돕는다고 했습니다. '잘 하겠다'는 마음을 먹고 행할 때 계속 잘 되는 것입니다. 잘 되면 단번에 은총이 오고 다음은 지상천국에서의 상이 기다리고 있습니다. 그러니 그 능력들을 평소에도 쓰면서 터를 잡아 나가야 합니다. 나의 영역이 점점 확대되어 가야 합니다. 그 범위와 방법은 신에게 순종함으로써 이루어져야 합니다.

D-day를 위해

즐거움은 내 마음이 어떻게 하느냐에 달려 있습니다. '내가 살아 있는 것만으로도 응답이다'생각하고 감사하다는 마음을 먹으면 어떤 결과가 와도 감사하며 슬프지 않고 즐거운 마음으로 전환 할 수가 있습니다. 내 의지적으로 즐거운 마음을 만드는 것입니다. 그러면 곳곳에서 행복한 느낌들이 나타납니다. 즐거움이 느껴지는 것이지요. 싫다는 마음은 거의 나타나지 않습니다. 그러나 거꾸로 의지적으로 괴롭다고 정하면 아무리 좋은 일이 와도 불행에 빠지는 것입니다. 왜 이럴까요? 이것은 역행과 이행의 문제입니다. 불행한 것을 '역행하여 다행이다. 감사하다로 바꾸면 행복해지고, 즐거운 것은 기뻐서 고맙습니다'하면서 이행하면 되는 것입니다. 이렇게 마음 한번 바꾸니 새 세상이요 천국이요 즐거운 세상인 것입니다.

'나는 이 세상에서 불행하게 살게 되어 있어'라고 생각한 사람도 후에 가서 행복과 불행이 마음 바꾸기에 달렸음을 알고 행복으로 바꾼다면 늦게나마 즐거운 세상을 맞이 할 것입니다. 마음이 평안해야 행운도 불러 올 수 있는 것입니다. 즐거우면 마음도 평안해지고 그 곳에 행운이 와서 복을 받게 되는 것입니다. 웃으면 복이 온다고 그랬습니다. 복이 와야 신이 나서 자신감 있게 살아갈 수 있습니다.

D-day라고 불렀습니다. 하루 중 즐거운 시간이 오는 Time. 이 때를 기다릴 때 매우 기쁩니다. 조금 후 D-day라는 것을 알면 행복하고 기대됩니다. 지금도 D-day를 설레이며 바라봅니다.

태도

슬기로운 자와 지혜로운 자는 무엇이든 과감하게 하게 하는 것을 말하는 자 인 것은 아닙니다. 중요한 때에 필요한 것을 하게 하는 것입니다. 솔직히 자기도 잘 모릅니다. 어떤 때는 무식한 것 같고 어떨 때는 평범한 것 같고 어떨 때는 지혜로운 것 같습니다. 그래서 해 보면 꼭 필요할 때만 지혜와 슬기를 표출하기도 합니다. 그 결과 사람들에게 각광을 받지만 곧 경계의 대상이 됩니다. 그래서 평소 때에는 그런 모습에서 힘들어 하기 전까지 갑니다. 그러다 또 지혜의 모습으로 갈 때쯤 되면 그에게 초점이 맞추어 집니다. 그런 주기적인 모습들 속에서 행복을 느끼고 즐거움을 느낍니다.

표현의 차이 속에서 자기가 가지고 있는 진실을 드러낸다면 문제는 답안을 제기합니다. 살아 움직이는 삶을 긍정적으로 살 수 있도록 나아간다면 진행 방향은 목표를 이루는 쪽일 것입니다. 그 결과가 향상 되는 것은 계속 되는 실력 향상 덕분입니다. 물론 노력의 대가라 하면 되겠지만 노력도 실력이 붙지 않으면 안 됩니다. 노력의 결과 실력이 발전 되어야 하는 것입니다.

발전 과정을 잘 보면 즐거운 칭찬이 큰 몫을 차지합니다. 칭찬을 잘 해 주면 신이 나서 잘 되는 계기가 되기도 합니다. 잘 됩니다. 힘이 집중되고 기분도 좋아지고 향상됩니다. 그런데 실력이 높아지고 나서는 칭찬은 교만해지는 계기가 되기 때문에 칭찬을 들으면 자기를 낮춰야 합니다. 조그만 것이라도 잘 하는 것에 감사와 겸손의 자세를 취해야 합니다. 그럼으로써 지금도 좋고 앞으로도 유지되는 것입니다.

소통은

소통의 결과는 유대관계가 좋아져 주고받는 것이 서로 원활 해 지는 것입니다. 원활하다면 그것은 자신의 일을 열심히 하고 노하우를 가지고 비밀을 주고받을 수 있어야 합니다. 그만큼 실력자가 되어 있어야 소통할 때에 오래갑니다. 몰론 신입이라도 예의가 바르고 즐겁게 해 준다면 끼일 수는 있어도 중요한 일에는 침묵을 지킬 수 밖에 없습니다. 실력자는 실력을 가지고 높은 경지를 이야기 하지만 신입은 기초와 기본을 이야기 할 수밖에 없습니다. 그래서 실력 있는 자가 신입을 돌봐 줄 수 있도록 신입은 실력자에게 예의와 경의를 표해야 합니다. 그 결과 실력자가 신입을 도와주고 신입을 이끌어 줍니다. 할 수만 있다면 대체적으로 지적으로 보일 필요가 있고 용기 있고 순종적으로 보인다면 마음에 꼭 든다 할 것입니다. 다 그런 것은 아니지만 한 조각 힘을 써서 느껴지는 것은 나의 마음이 곧 나의 능력이 경쟁에서 이긴다는 것입니다. 경쟁은 곧 서로의 특별 관계도 있겠지만 나만의 노력과 선후배와의 인연을 통해서 이길 수가 있습니다. 꼭 이루어지는 것이 결과가 좋은 것입니다.

분명한 삶

조금 지나면 남는 것은 말하는 사람의 의도인 것입니다. 의도가 무엇인가를 잘 알아서 그렇게 행동하는 것입니다. 모두의 사정에 맞게 잘 알아서 행동 하는 것입니다.

그 결과 사랑하라는 말은 곧 업적이 됩니다. 큰 업적이 되는 사람이 있는 반면 조그만 업적이 되는 사람도 있습니다. 조그만 업적으로는 사장은커녕 밥 먹고 집 짓고 하루하루 생활하는데 불편함이 없을 정도의 것입니다. 큰 업적은 모든 것에 큰 이익이 남는 것입니다. 그 큰 이익을 선물 받은 우리는 나아가서 결과가 좋은 것이 나타납니다. 될 수 있다면 모든 것에서 좋은 결과를 낳았으면 좋겠습니다. 행복 그것은 자기만족입니다. 내가 만족하면 행복인 것이죠. 모든 것이 합리적으로 만족 못해도 자기가 만족하면 행복합니다. 그리고 노력하면 목표를 달성하여 만족을 하게 됩니다. 만족을 위해 열심히 뛸 때 행복합니다. 행복의 여러 형태를 우리는 볼 수 있습니다.

한가지 방법, 형태만이 행복이 아닌 것입니다. 실생활을 보십시오. 정의 내릴 수 없을 만큼의 많은 행복의 길이 있습니다. 행복 할 때 만족을 누리기도 하고 만족할 때 행복하기도 합니다. 목표를 향해 갈때도 행복하기도 하고 목표를 이룰 때도 행복하기도 합니다. 그리고 행복을 알 때도 행복하기도 합니다. 거기에도 여러 가지 형태가 있습니다. 내가 그것을 생각하고 느낄 때 반드시 이해하고 반성함으로 내 것이 되는 것입니다.

인생을 살아가면서 나아가는 것, 성장하는 것, 완성하는 것입니다. 무한한 가능성을 우리는 가지며 살아갑니다(그렇게 해서 무엇을 할까? 살아 보라 할 것이 많습니다. 그것으로 할 수 있는 것이 너무 많이 있다는 것을 깨닫는 깨달음까지 일수도... 그리고 그 이후에 오는 또 다른 많은 은혜들...).

나는 무엇

나는 무엇이길래 이럴까?
이 길은 어디로 가는 걸까?
되도록 멀리 갔으면 좋겠다.
앞길은 나를 밝히고 나를 높이네.
모두의 관심거리요 모두의 소망이 되네.
나는 되도록 멀리 갔으면 좋겠네.
행복하다. 모두가 지켜주네. 모두가 사랑하네.
나는 좋은 길 가기를 원하네.
맑고 밝은 길을 가서 비추고 싶네.
오라, 여기가 너의 길이고 내가 삶을 보람차게 하리라.
내가 있으니 염려치 말라.
어디에든 살길 마련하리라.

많은 분수령이 되었던 시점에 고뇌와 사고를 멈추지 않았던 나 자신이 결국에 어디에서든지 살아남는 자 가 되었다.

모두를 살 릴 수 있는 자가 되었다.

나는 갖가지 형태로 도전해 왔네.

무수한 형태를 보와 왔네.

언제나 그렇듯 직접 경험하고 간접 경험한 것이 다 나의 것이다.

모두를 겸비한 내 스스로를 만족한다.

나는 나의 길을 갈 뿐이다.

스스로 자긍한다. 나는 나 같은 자는 없다고 자부한다.

존경과 의지를 밝힌다. 자신 없이 있는 내가 아닌 잘 사는 모습이 나인 것이다. 더욱 힘 있게 살아야 할 것이다.

웃음은 나쁜 것이 아니나 잘 못 웃으면 바보, 미친 사람이 된다.

그리고 수준이 없는 교양이 없는 사람이 되어 버리고 만다. 꼭 필요로 할 때 웃어야 그것도 제 맛이 난다. 그렇다. 할 수만 있다면 그렇게 해야 한다.

논리적, 능동적, 합리적 이치를 따져 봐도 그렇다.

항상 즐거운 마음도 표현할 때 그렇다. 바보, 미친 교양 없는 사람이 되지 않는 범위에서 해야 할 것이다. 맞다. 그렇다는 생각이 들 때 떠오르는 잘못들을 보고 그 사건들은 되풀이 안하면 되는 것이나 지나도 잠잠하다.

지혜 1

자그마한 일에도 순서가 있어서 질서대로 해 나갑니다. 큰일은 더욱 더 그렇습니다. 순서를 지키는 것은 매우 중요합니다. 1번, 2번, 3번 등 순서대로 해 나가면 무리 없이 제대로 해 나갈 수 있습니다. 그러나 그 질서가 무너진다면 엉망이 되어 다시 재결합을 해야 합니다. 그렇습니다. 사실상 그렇게 되어야 질서는 유지되는 것입니다. 순서를 만드는 것이 일을 효율적으로 하는 방법이겠지만 순서를 지키는 것 또한 공공질서를 유지하는 방법일 것입니다.

역으로

즐거운 일만이 중요한 것은 아닙니다. 나쁜 일도 중요합니다. 왜일까요? 안 좋은 일에도 배울 것이 많기 때문입니다. 아! 이러면 안 좋은 일이 생기니까 이것 이것이 필요하겠구나... 반대로 알게 되기도 합니다. 계속 나쁜 일이 생기면 기운 빠지고 어려워지고 낙오 되는 기분이라 우울해 지지만 그것을 극복하는 방법을 계발해야 합니다. 좋은 일은 계속 좋게 연결시키고, 잘 되는 것은 잘 된다고 힘 있게 말 하는 방법을 연구하여 극복하는 방법을 계발해야 합니다.

좋은 일 나쁜 일 자기의 노력을 통해서 극복하고 행복해지고 보람차게 되는 겁니다. 자, 행복할 뿐만 아니라 보람차지도록 합시다.

일어나라

자세한 것은 구체적인 사실들을 알려줘서 우리의 궁금증을 풀어줍니다. 그런데 그것이 다 일까요? 사실들을 토대로 새로운 길을 모색한다면 더 발전적이지 않을까요? 그렇습니다. 사실은 사실이고 현실은 또 다르다면 그 괴이함은 무엇으로 채울 수 있을까요? 무엇으로 다 보상 받을까요?

우리의 공부가 그렇습니다. 열심히 공부했는데 현실은 아닙니다. 이게 뭐야! 해서 스펙만 챙기는게 다냐? 와 거짓말쟁이, 난 뭐고 넌 뭐야? 뭔가 부러뜨리고 싶고, 맞고 싶습니다. 현실이 두렵고 현실이 어렵습니다. 악하지 않으면 살 수가 없습니다. 그렇습니다. 해봅시다. 독종이 됩시다. 선을 쌓는 게 아니라, 술과 담배로 악을 행해도 봅시다. 대부분의 악의 출발점이 이렇게 시작됩니다. 그리하여 모든 이익 되는 것은 선악을 가리지 않고 행하는 것입니다. 나는 그렇게 생각합니다. 배운 것이 쓸모 있는 사회를 만드는 것이 세상사는 길이라고. 수준차이가 나서 그런거지 배운 것이 토대가 되어서 잘사는 사회가 되는 세상. 큰 도둑놈, 작은 도둑놈이 잘사는 사회가 아니라 우리가 학교에서, 절에서, 교회에서 배운 대로 잘 사는 사회가 되어야 할 것입니다.

나는 그렇게 생각합니다. 내 몸이 비록 실천하다 쓰러져도 그것은 잠시 일뿐 결코 오래가지 않을 거라고. 왜냐하면 배운 대로 행하면 하늘이, 사회가, 국가가 날 지켜 줄 것이기 때문입니다. 누구든지 쉽게 일어나리라고 믿습니다.

비결

잘 되는 비결은 사실은 잘 보는 눈에 달렸습니다. 역사적으로, 정치적으로, 문화적으로, 과학적으로 이런 저런 사실들을 잘 관찰하여 지금 이것을 하면 대박 나겠다 싶으면 얼마 지나지 않아 대박을 터트리는 것입니다. 조그만 것에도 그런 눈으로 보게 되면 보일 것이고 큰 것을 볼 때도 그럴 것입니다. 사실을 보는 눈은 그냥 길러지는 것이 아닙니다. 깨끗한 맑은 정신으로 바라 볼 때 그것이 보이는 것이지요. 마음은 평화롭고 지식과 지혜가 출중한 상태. 그것으로 인해 보다 나은 삶을 살 수 있으면 좋겠습니다.

누구나 사실은 보는 눈은 있고 할 수 있다는 자신감은 있습니다. 하지만 해 보면 수포로 돌아가는 경우가 허다합니다. 그 시대에 뜰 수 있는 상품이나 음식이나 제품이나 영화나 음악 등은 한정되어 있는 것을 알 수 있습니다. 그 시대에 맞추어 모든 것이 활성화 되고 흐름에 맞아야 합니다.

자본도 없지만 막상 제품이 기호에 맞게 되기란 어렵습니다. 그렇다면 우리는 흔히들 신의 힘을 빌리기를 원하게 됩니다. 이럴 때 세상을 바꾸어 나가는 힘을 가져야 하는 것입니다. 신께 빌고 지혜와 지식을 얻어 내가 사람들을 바꾸어 내 제품을 사게 만드는 것입니다. 그렇게 될 때 나는 대박을 터트린다 할 수 있을 것입니다. 모든 사람들을 나에게 좋은 환경을 만들면 되게 하는게 아니라 구체적으로 따르도록 하는 것입니다.

후회없다

평생 후회 하는 것이 있다면 있고 없다면 없습니다. 그냥 넘어가면 아무것도 아닌데 그것을 잡고 그때 안 그랬어야 했는데 하고 후회를 하면 그것에 잡혀 늘 우울해 집니다. 그렇습니다. 존경의 대상이 있으면 존경해서 후회 안 합니다. 하며 넘어가면 됩니다. 자기가 존경 대상이면 자기에게 후회하지 않는다며 넘어가면 되는 것입니다. 그 결과 우리에게는 평온한 마음을 유지 발전시킬 수 있지요. 더 좋은 명상, 음악을 들으면 깊은 발전에 이릅니다. 좋은 점을 발전시킬 수 있다는데 주안점을 둡시다. 긍정적으로 살면 얼마나 좋은지 모릅니다.

이것보다 저것이 좋네, 더 좋은 것을 선택해서 발전하는 것입니다. 선택이 많아지거나 깊어지면 결국엔 나쁜 결과 보다는 좋은 결과가 올 확률이 많아집니다. 적어도 하는 일이 많은 사람에게는 즐겁고 평온한 상태가 유지되는 것이 중요하지요. 평온, 평정심을 갖고 세상을 살아간다면 우리는 할 수 있는 일을 더 쉽고 더 유능하게 해 낼 수 있을 것입니다.

잘 못된 것은 접어 두고 잘 된 것을 가지고 계속 발전시키면 되는 것입니다. 싸우고 나서 다시는 안 싸워야지 후회해 보지만 결국엔 또 싸웁니다. 그보다 마음을 평온하고 평정한 마음으로 유지 발전시키는 말과 행동으로 바꾸다보면 싸움은 틈을 타지 않습니다. 말과 행동이 즐거워지려고 노력하다보면 새 말과 새 행동을 하게 되고 자기는 다른 현실을 가게 됩니다.

다르다

흥분한 상태에서 어떻게 할 것인가도 생각해 보아야 합니다. 흥분한 상태에서는 고함지르고 부수고 하는데 만약 내가 흥분하면 어떻게 행동할 것인가를 조금은 흥분 될 때 생각해 두어야 합니다. 이것보다 강도가 심하면 나는 이런 말을 하고 이런 행동을 하리라고 준비해야 합니다. 싸움이 일어나지 않을 수 있는 적극적인 행동을 하는 것입니다. 내가 이래서야 되겠는가! 그냥 참아버리면 공격당해 상처만 입고 패배자로 살게 됩니다. 하지만 당당히 말하고 대처하면 승자가 될 수도 있습니다. 그렇습니다. 무엇을 하든 확실한 대처 방법이 있어야 합니다. 내 행동에 당신 행동에 무엇을 문제 삼아 오해를 불러 일으켰나 알고 해결해 나가야 합니다. 사람들의 생각과 마음은 다 다릅니다. 다르다는 것을 알고 있는 사람은 높은 수준의 사람입니다. 그리고 다르다는 것을 알고 그에 맞게 행동하는 사람은 대단히 높은 수준의 사람입니다.

살아가는 동안 여러 상황들이 전개되기 때문에 사람마다 다를 경우가 많습니다. 그래서 맞추기가 힘듭니다. 그것을 알고 모두 행하면 아는 사람들은 각오가 대단해 집니다. 다 된 젓가락질에 음식만 속 빼다가 남에 입에 들어가게 하지 말고 제 입에 마음껏 들어가게 해 봅시다.

순차적 변혁

작두 타듯이 일을 살벌하게 하면 많은 사람들은 두려워서 못 할 것입니다. 하지만 숙달이 되고 익숙해지면 스릴 있고 재미있어 집니다. 거기에 재미를 붙이고, 재미있게 해 나가면 문제가 없는데 '이런 것은 옳지 않아'로 받아들이면 그때부터 반감으로 투쟁하기 시작합니다. 그리되면 매번 부딪히고 스트레스 쌓이고 미워지고 헤매게 됩니다. 모든 것에는 이유가 있는 것입니다. 전체적 분위기를 바꾸려면 장본인이 바꾸어야 됩니다. 그 장본인이 변화될 때까지 기다려 준다는 것은 너무나 힘든 일입니다. 그 장본인이 바뀌어 다른 곳에서 바뀌는 작업이 일어나고 난 뒤 일을 해야지 일 하면서 바뀌기란 사실상 어려운 일입니다. 일하는 방법이 있고 노하우가 있기 때문에 갈고 닦아 얻은 지혜를 고칠 이유가 없는 것이고 전통을 고수합니다.

사회적 변혁은 사실상 불가능합니다. 그러나 순차적 변혁이라면 가능합니다. 이 부분이 변하고 좋다는 것이 생각되면 또 이 부분이 변하고 점점 변한다면 가능 할 것입니다. 한 두 번으로 끝나는 것이 아니라 여러 번의 생각과 고찰로 이루어지는 것입니다. 그러면 됩니다.

성공은

줄줄이 힘든 일이 있으면 과거에 안 좋았던 일들이 떠오릅니다. 그래서 지금 하는 일이 두 배로 힘들어 집니다. 포기하자니 책임감과 상사 때문에 못하고 하자니 어렵고 어찌할지를 몰라 합니다. 어떻게 해야 하나 무엇을 해야 이 작업을 진행 할 수 있나! 그러나 보면 시간이 지나버리고 더 당황해하기도 합니다. 옆에 있는 사람이 다그치면 난관에 부딪히고 맙니다. 결국엔 포기하고 말지요. 이 악순환에서 이기려면 처음 힘든 일이 닥치면 바로 시작하는 것입니다. 집중을 하고 물 흐르듯이 해버리는 것입니다. 쓱쓱쓱 해 나가버리면 어느새 일은 오분의 일, 오분의 이, 오분의 삼, 점점 진행되고 있는 것입니다. 과거의 생각이 떠오르기 전에 해버리는 것입니다. 떠올라도 무시하고 해 버리는 것입니다. 그것이 최고의 방법입니다. 집중을 하는 방법을 연구하여 집중하고 연습을 하여 해 내는 것입니다.

그런 과정이 없으면 서툴고 혼란스러워 집니다. 결과가 좋아야 만족이 있을 수 있습니다. 결국 훈련한 결과가 실전에서 빛을 발휘한다면 일이 즐겁고 행복할 것입니다. 많은 사람들이 노력도 하지 않고 연구도 하지 않고 훈련도 하지 않고 결과만 좋으려고 합니다. 위의 과정을 잘 행해서 실전에 성공하기를 바랍니다. 해보면 어려운 일이 아닙니다. 이것쯤이야 하는 자신감이 듭니다. 누구나 해 낼 수 있습니다. 성공할 수 있습니다.

아차

기분 좋게 지내다가 딱 안 좋을 때 조심해야 합니다. 좋은 결과가 있으면 좋겠지만 힘든 길로 가야 한다면 아차 말을 그만 두고 좋은 때가 올 때까지 기다리는 것입니다. 그리하여 좋은 분위기가 될 때 말을 하여 서로 좋은 감정을 만들어 나가는 것입니다. 잘 하는 것을 목표로 하기 때문에 의지만 있다면 서로 이해하고 도와주어 해 낼 수가 있습니다. 하면 됩니다. 해 보면 이루어집니다.

어려운 일이 아닙니다. 쉬운 일입니다. 지혜로운 일입니다. 하고서 잘 되면 남들이 부러워 할 것입니다. 잘 되어 봅시다. 누가 이 비법을 쓰겠습니까! 남들은 우둔한 방법이라 볼 수도 있습니다. 더 지혜로운 자는 지혜롭다 여길 것입니다.

할 수 있습니다. 이것도 못한다면 부딪히고 싸우고야

맙니다. 말을 막고 호흡하며 주의 깊게 관찰하는 것입니다. 더욱 성숙해 지는 것입니다.

고요한 도

날씨가 좋으면 기분이 좋고 좋은 그림을 보면 편하고 하는 것은 외부에 따라 변하는 나 자신이지만 항상 고요하고 차분하다면 그것을 얻고 싶을 것입니다. 그것이 무엇이겠는가! 나는 평정의 마음을 얻기 위해 '도'에 들어갑니다. 이마에 '도'를 생각하고 쳐다보는 것입니다. 눈은 떠도 되고 감아도 됩니다. 그러면 언젠가는 마음속에 고요함 속에 있는 자신을 찾을 수 있을 것입니다. 어떤 생각이나 힘이 가해진다고 해도 그대로 있는 그 생각이나 힘이 있는 것입니다. 그것을 찾아 도를 닦다 보면 결국 성불하게 되고 능력도 받게 됩니다. 할 수 있다는 자신감을 가지고 해 봅시다. 처음 들어가 보면 그것을 확실히 느낄 수 있습니다. 매일 할수록 계속해서 느낄 수 있습니다. 여러 가지 현상들이 일어나서 결국 기적까지 일어납니다. 현재 일어나고 있는 현상들을 보고 느낄 수 있는 것은 계속 되는 고달픔을 쉽게 극복해 낼 수 있다는 것입니다. 해 봅시다. 해 보면 이해하고 경험하게 됩니다. 느낌적으로 알 것 입니다.

어렵지 않다.

여러 가지 견책은 있지만 할 일을 하지 않는 다면 지탄의 대상이 될 수 있습니다. 그렇습니다. 그렇지요. 그렇습니다. 자기 일을 제대로 하지 못하고, 하지 않는 다는 것은 대단한 실례요, 착오요, 갈등이요, 지탄의 대상입니다. 열심히 자기 일을 제대로 해 놓으면 자타가 행복합니다. 모든 것이 잘 돌아가는 것입니다. 그 와중에 오버해서 권력 남용이나 권력 부재를 하면 큰일이 납니다. 다 된 밥에 재를 뿌리는 것입니다.

선한 길은 여기에 있습니다. 모든 것이 능숙해지고 위에 설 때 선하게 행동하고 의롭게 행동하느냐가 그 관건인 것입니다. 그렇게 되어 간다면 선하게 되어 간다면 그 사람은 복을 받고 앞일이 어려워도 신의 도움을 받을 것입니다. 어려운 것 없습니다. 착실히 일하던 대로 착실히 일하면 되는 것입니다. 잘하여 칭찬 받으면 되는 것입니다. 그 행적을 많은 사람들이 알아 줄 것입니다. 잘 될 것입니다. 어렵지 않습니다.

대처

잘 사는 사회란 좋은 것을 환영하고 그것을 이슈화 하고 밝게 비추는 것입니다. 그렇다면 지금껏 우리는 나보다 잘 난 사람들에 대해 어떻게 대처했었습니까! 나 보다 못한 사람들에게 어떻게 대했습니까! 깊이 반성, 회개 해 볼 문제입니다.

사회적 체면 때문에 방해 한다면 이익 되는 것을 잃어버리게 되는 것입니다. 혹시나 자기 자리가 자기 환경이 잃어버리게 될까 고민이 된다면 이익을 얻고 열심히 노력하면 되는 것입니다. 요령을 터득하여 즐기면서 하고 미친 듯이 해 보는 것입니다.

그리하여 자신을 업그레이드 시키면 되는 것입니다. 자신은 정체되어 있으면서 남을 잘라내려고 하니 우스운 일입니다. 얼마나 노력해서 이 자리에 올라왔는데 그럼

유지하려면 열심히 하지 않으면 안 될 것 아닙니까! 새로운 이익을 받아 지녀야 합니다. 꼭 해 보길 바랍니다. 자신은 그렇게 해 왔음에도 정리가 되지 않았다면 이 글을 통해 정리하시길 바랍니다.

노력

노력하는 자는 아무도 못 당합니다. 그런 자를 잘 다룬다면 최고의 선수로 키울 수가 있습니다. 그렇게 하여 복을 누릴 수 있습니다. 자신과 싸움에 있다면 자신은 어디에 있는가를 알아야 할 것입니다. 아무리 못 났어도 혜택을 볼 사람들은 그렇게 혜택을 봅니다. 그렇습니다. 그런 관계에서 계속 되어지는 기쁨은 누구도 누리지 못했더라도 이루 말할 수 없는 것입니다. 누구도 알지 못하는 그것을 그 사람을 이제는 가소롭게 여긴다면 모두를 사랑하지 않는다고 볼 수밖에 없고 혜택도 누리지 못할 것입니다. 나는 나 자신을 괴로워하고 혜택도 누리지 못 한다고 생각 했지만 그러나 나는 나 자신을 이끌 때 단호히 이야기 하고 싶습니다. 무엇이든 끝까지 최고가 되기 위해 노력하라고 말입니다. 그 맥은 노력의 끝이 일등이 되는 것이라는 것쯤은 알고 행해야 합니다. 업그레이드 된 자신을 돌아보십시오. 주욱 둘러보고 자신에서부터 고마워 보여 지는 모든 분들, 신들께 감사하십시오. 아직은 감출 때라 확실히 알지 못하지만 설법이 행해지고 유명해지면 해쳐 나오는 일이 보통이 아니라는 사실이 중요할 뿐 아니라 자금이 들어오는 길이라는 사실을 깨달아야 할 것입니다.

죄

자세히 안다는 것은 잘 모르기 때문에 자세히 알아보았다는 것이 됩니다. 모르는 것이 부끄러운 일이 아닙니다. 찾아보지 않고 고심하지 않는 것이 부끄러운 일입니다. 모르는 것을 모른다고 하면 그것은 죄가 되지 않으나 알면서도 모른다고 청문회에서 하면 죄가 됩니다. 그러나 모르면서 안다고 한다면 그것은 죄 중에 죄가 됩니다. 아니면서 맞다고 하는 것 그것은 죄 중에 죄가 됩니다. 이 같은 일은 우리 생활에서 비일비재 일어나고 있습니다. 가깝다고 눈감고 저지르고 조작하고, 억지 쓰고 너무나 무참합니다. 이 같은 일은 우리가 하지 말아야 되는 첫 번째 죄인 것입니다. 누구나 잘못하면 저지르기 쉬운 죄입니다. 정신 바짝 차리고 이겨 내어야 할 것입니다. 예를 들어 사기, 도둑, 거짓말 등등입니다. 남은 모르겠지하며 저지르는 모든 죄가 이 죄에 속할 것입니다.

정각

저물어 가는 해를 보고 가고 싶은 곳을 연상 한다면 몰입이 덜 된 것입니다. 그 황홀함에 빠져 아무 생각도 안 난다면 좋은 현상인 것입니다. 언제 그랬냐는 듯이 해가 다 지고 나면 다 잊고 새로운 맛을 느낍니다. 그 방법은 여러 가지입니다. 여러 가지 방법으로 맛을 느끼면 되는 것입니다.

포효

행복한 생각들이 모이면 자기도 모르게 행복의 괴성이 나옵니다. 포효하는 것입니다. 이 소리는 신나고 즐겁기는 하지만 너무 클 때는 위협이 되기도 합니다. 자기는 행복하다 열심히 해 보는 것에 행복하고 즐거움을 느껴 행복하고 성공해서 행복합니다. 행복의 포효인 것이지요. 계속 진행 하다보면 진실한 것이 나옵니다. 진리가 판을 칩니다. 그때 현실이 변혁되고 즐거움이 진행됩니다. 잘되니 행복한 것입니다. 잘 되어봅시다. 포효합시다. 행복 합시다.

지도자

준비된 자는 자신의 할 일을 향해 갈 뿐입니다. 주위의 어떤 행보에도 흔들리지 않습니다. 자신의 길을 갈 뿐입니다. 잘 될 뿐이니까! 하지만 경계를 늦추지 말아야 합니다. 빈틈이 있으면 안 되니까! 생활에 밀접한 말이나 행동이 각광을 받지 뜬 구름은 그냥 흘러 갈 뿐입니다. 즐거움은 언제나 내 마음속에 있습니다. 고요한 중에 떠오르는 믿음 있는 한마디 '한번 해 보자' 늘 그렇지만 '이제 시작이다 나는 해 낼 것이다 도전해 보자' 이런 일들이 기적적으로 일어나는 것입니다. 정치가 살아나고 있습니다. 정치가 일어나고 있습니다. 이제 세계적으로 정치가 활발하게 살아 날 것입니다. 점점 더 잘 될 것입니다. 잘 됩니다. 꼭 해 낼 것입니다.

목표

글로써 표현하기가 힘들지만 형태나 느낌은 앞글을 참조해서 알 수 있습니다. 그것을 어떤 형태로든 느낌으로든 알려고 한다면 앞에 말한 것을 다 생각하고 참조해서 이해해야 한다는 것입니다. 한 구절만 보고 그것만 이해한다는 것은 너무 외속된 평가입니다. 그러니 한 가지 한 가지 이해하는데 많은 시간이 걸려도 앞의 말들을 생각하며 읽어 나가는 것이 좋은 방법입니다. 그것이 사실 옳고 그것이 바른 판단입니다. 다분히 생각 하겠지만 나쁜 길로 가면 손해입니다. 그러나 올바른 길로 가면 이익입니다. 이렇게 앞의 것을 생각하면서 이해하는 것이 옳을 것입니다. 하지만 읽다 보면 몰입이 되면 한 구절에 얽매이게 됩니다. 그럴 때 기억하십시오. 앞의 것을 생각하십시오.

주

자세한 것은 모르겠지만 모든 것에 있어서 중심이 되는 것은 알아차리고 행동하는 것입니다. 마찬가지로 할 것을 할 때 중심 사상, 중심 생각이 무엇인가를 알고 진행하면 훨씬 쉬어집니다. 잘은 모르지만 가능하다면 이 세상의 중심이 무엇인가를 알고 행하면 복을 받는 것입니다.

예언

나의 의지에 의한 것이 아니라 곧 있을 이야기들을 해 낸다면 그것은 역사와 국민들 앞에 엄숙히 표명하는 것입니다.

인생에

노력한 대가가 무엇인가를 알려면 과정과 결과를 살펴 보아야 합니다. 우리는 결과만 살펴 보는데 우리의 과정도 생각해 보아야 합니다. 과정이 어떠했으니 앞으로 어떤 것을 보완하면 되겠다는 것을 알 수 있는 것입니다. 과정이 잘 되어야 결과가 좋을 수 있습니다. 과정 속에서 자신이 해결 할 점과 수정할 점들을 찾아 나가야 합니다. 그러고 나서 꼭 성공의 길을 갈 수 있도록 준비될 때 해법이 나옵니다. 결국엔 과정 속에 성공이 있는 것입니다. 한 과정 한 과정을 잘 함으로 해서 성공의 길을 가는 것입니다. 꼭 가는 것을 막을 순 없지만 잘 못된 길은 가는 것을 체크해서 알려 줄 수 있는 주위분들이 있으면 좋겠습니다. 해결책을 찾았다면 해결해서 성공의 길로 가는 것입니다.

좋은 결과

잘 살고 못사는 것은 노력에 달려 있습니다. 정신 똑바로 차리고 열심히 하면 잘 살 수 있습니다. 자신이 전보다 잘 살아지면 그때부터는 요령을 터득하여 즐기면서 하면 되는 것입니다. 더 잘 살고 싶을 때 미친 듯이 하면 되는 것입니다. 하고 싶어도 하지 못하는 사람이 많습니다. 그런데 지금 나는 할 수 있다면 감사하게 생각해야 할 것입니다. 그리고 집중하고 열심히 하는 것입니다.

성취

이러고 있는 시간에 나름대로 좋은 기술을 계발하여 쓰려는 사람이 있을 것입니다. 그러나 그들은 말뿐입니다. 실천력이 없습니다. 사람들로부터 신뢰를 얻지 못한 상태입니다. 믿음 있는 사람처럼 행동하고 멋있게 보이고 책략을 써서 구사하는 언어를 고급으로 쓰고 비위를 잘 맞춥니다. 얕잡아 본거지만 미륵은 모든 것이 준비 되어 있습니다. 시작하면 즐기면서 행합니다. 요령은 다 터득되었습니다. 이제 시작입니다. 즐기면서 행해봅시다. 느낌이 너무 좋습니다. 그리고 조만간에 미친 듯이 해 봅시다.

연꽃

절대적 인내를 가지면 사건의 해결에 많은 도움을 줄 수 있지만 그 절대적 인내라는 것은 이 세상에는 없습니다. 그래서 하늘에서 받아야 합니다. 그리고 소원이 성취 되려면 소원을 빌고 인내하며 기다려야 됩니다. 그 기다림도 인내여야 됩니다. 그 인내도 세상에서 구하기 어렵습니다. 인내를 하늘로부터 받아 내야 합니다. 그 길은 자신이 인내를 잘 하고 있으며 하늘에서 감동하여 쉽게 인내 할 수 있도록 내려줍니다. 지금처럼 인내가 힘든 세상에 인내를 받는다면 대단한 사람으로 평가 받을 수 있습니다. 역시나 많은 사람들이 그것을 얻으려고 노력하나 환경이 적으로 쌓이지 않으면 안 됩니다.

공인

공공장소에서 잘 할 수 있으면 일상에서도 잘 할 수 있다고 볼 수 있습니다.

성공 1

제일 중요한게 이루어지면 다음 것이 또 기다리고 있습니다. 그것이 또 중요한 것으로 커갑니다. 많은 대안들이 있겠지만 사실을 직시하고 때를 기다릴 줄 알아야 합니다. 일에는 항상 순서가 있고 때가 있는 것입니다. 체크해서 마무리를 잘 지으면 잘 이룰 수 있습니다.

보람

갈수록 자세히 느낌을 살피면 큰 틀에서 잘 되는 것을 알 수 있습니다. 현실은 암담합니다. 미래는 모릅니다. 어떻게 지금 잘 될 수 있을까요! 신나는 음악을 들읍시다. 나에게 잘 되는 잠재의식을 불어 넣어 봅시다. 이 시간이 즐거우면 앞으로의 시간도 잘 될 수 있다고 자신감이 생깁니다. 그 자신감으로 미래를 개척합시다. 힘들땐 음악과 책을 봅시다. 책을 읽고 깨달아 지식을, 지혜를 쌓읍시다. 앞을 설계합시다. 다 하고 나서는 일을 합시다. 조그만 일이라도 해 봅시다. 돈이 되는 일을 해봅시다. 그러면 재미있게 하루를 보낼 수 있게 됩니다. 조그만 일에 충실하면 큰일에도 충실 할 수 있습니다. 해 보십시다. 때는 나를 기다리고 있습니다. 인내합시다.

무제 1

공부하는데 있어서 가장 중요한 점들은 순서와 요령과 속도입니다. 이것은 잘 터득해서 잘 적용해서 공부해 나간다면 성적이 상당히 좋을 것입니다. 아니 Top까지 할 것입니다. 무조건 하는 것은 아래 수준입니다. 점점 높은 수준으로 올라가야 할 것입니다. 요령을 잘 터득해서 해보면 쉽게 쉽게 해 나갈 수 있습니다. 세 가지가 같이 해 나가는 방법들입니다. 무엇인가가 열심히 하지만 밑도 끝도 없이 해 나간다면 옳지 않는 것입니다. 결국에는 목표점에 도달할 수 없는 것입니다. 순서를 깨닫고 요령을 터득하고 속도를 내어서 해 보면 상위권으로 도약 발전 유지 할 것입니다. 그리고 되풀이해서 보면 장기 기억이 되어 해 낼 수 있습니다. 되풀이 또한 중요합니다.

진리

진실을 이야기 한다면 물질적 축복을 받기 위해서 분주하게 주를 찾습니다. 이득 되는 것이 있어야 하니까요. 부처님께서는 불속의 아들을 꺼내기 위해 비싼 마차를 준다고 약속하고 이끌어 냈습니다. 주는 더 하십니다. 신인 일체를 이루기 위해 그들에게 물질적 축복, 명예적 축복, 은총의 축복을 줄 것이고 주었고, 주고 있습니다. 그러니 이 진실은 참되고 진리이고 모두 하나 되게 합니다. 물질적 축복을 위해 뛰고 있는 여러분이여, 말씀을 듣고 실천하고 도에 들어가고 기도를 하십시오. 말씀은 유튜브의 정도령(이태창)을 보면 됩니다.

지혜 2

마음을 돌이킨다는 것은 곧 자신이 합리화를 한다는 것 아닌가 싶습니다. 그러나 모순 된 것은 변경시키고 좋은 것으로 바꾸어 놓는다는 것 아닙니까! 그 마음은 처음 것은 부서지고 갈아져서 변형되고 다음 것은 새로운 것으로 채워져서 옛것과 새것이 조화롭게 있는 것 아닌가! 마음을 돌이키십시오. 마음을 돌이키면 새로운 것과 과거의 것이 조화를 이룹니다. 지금은 마음을 돌이키는 시대입니다.

깨달음

자세한 이야기를 하려면 정말로 뚜렷한 주제가 있어야 됩니다. 평소 때 생각했던 것들이 모두 주제가 된다면 이야기 거리가 많다고 볼 수 있습니다. 생활 속에서 부딪히며 생각한 것들은 사실상 지나간 추억이 될 수 있을 정도로 깊은 인상을 주어야 합니다. 주제가 그 보다 깊어야 합니다. 어떤 원인에 의해서 평소에 그렇게 생각이 깊어 질 수 있으려면 그는 '고'속에 있어야 하며 '고'속에서 깨닫고 있는 것입니다. '고'의 의미가 무엇인가 간절히 원하고 상황이 어렵고 기적을 요할수록 깊어집니다. 하나하나 깊어가며 행동하게 됩니다. 굴레를 멈추지 않고 몇 십년을 하다 보면 익숙해져서 어려운 상황이 아니더라도 '고'의 모습으로 행동합니다. 상황은 좋게 풀리니 쉽게 해결 해 나가는 것입니다. 그 '고'속에서의 모습은 평생을 가는 것입니다. 그렇게 되어 앞으로 있을 어떤 상황에서도 적용하고 응용하여 문제를 잘 풀어 가는 훈련한 셈입니다. '고'속에 있었던 사람들끼리도 잘 적응해 나가는 방법을 알고 진행합니다. 이를 본 사람들도 처음은 모르나 나중은 고개 숙입니다. 자세한 이야기를 하니까요.

끝

공부하는 것이 어려울 때에는 즉각적으로 방법을 바꾸어야 합니다. 논리적에서 수리적 또는 언어적에서 예술적 등 과목을 바꾸어 공부를 하면 쉽게 공부가 잘 되는 것을 볼 수 있습니다. 늘 공부만 하다가 운동을 하면 기분이 업되고 좋아져서 공부가 잘 되는 것을 볼 수 있습니다. 그리고 옆 친구와 문제를 놓고 대화를 몇마디 나누었는데 공부가 잘 되는 것을 볼 수 있습니다. 집에 와서 가족들과 재미난 대화를 하고 나서 공부를 했는데 잘 되는 경우를 볼 수 있습니다. 자기에게 맞는 공부스타일이 있는데 그것을 사용 할 때 잘 되는 경우가 있습니다. 이렇게 공부가 어려울 때는 즉각적으로 방법을 바꾸어 시도해 보는 것이 좋습니다. 공부의 끝은 학문이요, 직업입니다. 그리고 그 끝은 도입니다. 도를 성취하는 것입니다. 도를 성취하게 되면 기적이 생깁니다. 도를 통해 성불하게 되면 능력이 나와 온갖 문제들을 해결 할 수 있습니다. 그리하여 물질적, 명예적 축복을 받을 수 있습니다.

사랑

진리를 앎으로 해서 얻어 지는 것은 모든 일에 순서를 알고 기대하며 믿는 것입니다. 그리하며 개개인의 파워는 엄청 세어진다는 것이고 사회와 국가가 강해진다는 것입니다. 모두가 부강해 지니 어찌 좋지 않겠습니까! 새 삶이, 더 나은 삶이 우리의 앞에 있습니다. 그 가운데 발전하고 개발하는 것입니다. 미래가 빛으로 비춰집니다. 우리의 밝은 미래는 그 누구도 막을 수 없습니다. 신들이 축복 내리고 있고, 우리들은 열심히 하고 있습니다. 강하게 작용하고 있기 때문에 틀임 없이 잘 됩니다. 선한 삶으로...

우리가 바라는 돈문제, 명예 문제가 풀려 나가는 것입니다. 우리에게 빛을 비추소서. 열심히 하겠나이다. 남들은 하지 못하는 것을 우리는 해 내는 것입니다. 정말 기분 좋고 행복한 일 아닙니까! 앞으로의 세대에는 너나 할 것 없이 그렇게 되어야 하는 것입니다. 남이 알지 못했던 것을 우리는 하는 것입니다.

성공 2

정신이 산만해지면 힘을 얻어야 집중 할 수 있습니다. 호흡이나 정신력을 통하여 집중 할 수 있으면 좋고 그렇지 않으면 커피나 음식을 통해서 집중 할 수 있습니다. 집중력을 계속 유지 하려면 사랑 관계를 유지할 줄 알아야 합니다. 그럴 때 행복하고 집중의 유지가 길어집니다. 보통보면 자기 집중력만 믿고 무엇을 하려면 얼마가지 않아 싫증나고 지루해지는 것을 알 수 있습니다. 하지만 사랑하는 가운데 집중하다 보면 많은 학습과 능률을 보입니다. 아이와 사랑관계를 잘 유지하면 머리가 트이고 생각하는 깊이와 폭이 깊어지고 넓어집니다. 아이는 아이대로 인지능력이 커지고 엄마는 엄마대로 성숙해집니다. 그런 사랑관계로 인해 생활의 깊이가 달라지는 것입니다. 아이 보는 엄마가 공부를 한다면 상당한 진전이 있을 것입니다. 아이가 가지고 있는 관계성을 엄마의 관계성으로 연결하며 보다 더 진척된 관계성이 형성됩니다. 모든 식구가 아이에게 집중 되어 있는데 아이는 모든 식구를 관계하며 엄마를 통해 세상을 관계합니다. 그러니 식구가 아이와 엄마를 중점으로 해서 운용되는 것입니다. 아이와 엄마의 삶 자체가 모든 식구의 관계성을 집중하게 만듭니다. 이 만들어진 관계성으로 우리는 사랑을 느끼고 배우고 개척해 나갑니다. 아이만을 사랑할 게 아니라 아이와 엄마를 함께 사랑해야 이 관계를 집중할 수 있습니다.

성공 3

적극적 사고는 급한 불을 끄고 안정된 상황으로 이끕니다. 중요한 것은 문제의 난이도입니다. 어려울수록 적극적 사고가 빛을 발합니다. 해결이 되면 모든 이들의 각광을 받고 주목을 끌고 인기를 얻습니다. 하지만 일시적 현상이기 때문에 다음을 기약할 수 없습니다. 또 그러리라는 법이 없기 때문입니다. 그때 한번 더 적극적 사고로 문제 해결을 하면 확률적으로 50%의 기대치를 갖게 됩니다. 그러다 또 한번 더 하게 되면 100%의 기대치를 갖게 됩니다. 놀랍게도 이런 적극적 사고는 우리의 생활 속에 늘려져 있습니다. 순발력, 자율 신경, 조건 반사, 무조건 반사 그런 것들이 활용되면서 생활 속에서 발휘 될 수 있습니다. 그 결과 남과 다른 모습으로 살아가게 됩니다. 한 템포 빠른 행동으로 살아가게 됩니다. 이런 행동을 통하여 상위에 오르면서 여러 가지 높은 지위를 차지하게 됩니다. 어려운 것이 아니라 몰라서 그렇습니다. 연습을 해서 획득하는 것입니다. 남보다 빠른 것, 남보다 높은 수준으로 연습해서 수위를 높이는 것입니다. 연습을 많이 한 경기가 성적이 좋을 수밖에 없습니다.

기도

즐거운 일이란 건강한 것입니다. 부처든 예수든 결국엔 건강한 삶을 이야기 합니다. 그것이 오래도록 지속되는 것까지를 포함해서 말하고 있습니다. 선이 계속되면 결국엔 건강해지는 것입니다. 그래서 즐겁고 행복합니다. 악이 계속되면 병이 걸리고 불행해집니다. 결국엔 오래 살지 못합니다. 오래 살았다고 하더라도 즐겁지가 않습니다. 즐거운 선을 부처와 예수와 공자와 마호매트가 다 이야기 해 놓았습니다. 역사 속에서 증명해 놓았습니다.

선을 이야기 해 놓았지만 일상생활에서 선한 것을 적용하는 것을 모르고 있습니다. 선한 사람이 되려고 하는데 이 상황에서 어떻게 해야 선한 사람이 되는지 잘 모르는 것입니다. 그럴 때 마다 누군가 앞에서 조언을 해 주고 가르쳐 준다면 그대로 실천 할 텐데 그렇지 못하니 옛 습관대로 악을 행하고 있습니다. 선한 악인인 것입니다. 계속 선해 지려고 생활 속에서 변화, 변혁을 일으켜야 선인이 될 것입니다. 그때까지 절대선이 올 때까지 계속해서 선을 행해야 할 것입니다. 절대선은 선의 절정에 이르렀을 때 하늘에서 내려오는 선을 말하는 것입니다.

천국

감사와 사랑은 떼려야 뗄 수가 없습니다. 사랑을 받았기에 감사하고 그러기에 사랑합니다. 계속되는 신의 사랑에 감사하게 된다면 그때는 이것 저것을 볼 수 없이 많은 은혜에 혜택을 누리는 결과인 것입니다. 사랑에 눈을 뜰 수 밖에 없는 것은 사랑하면 즐거워지고 똑똑해지고 행복해 집니다. 일을 쉽게 쉽게 해 나갑니다. 사랑하면 일하는 시간이 즐겁고 행복한 시간으로 변합니다. 아무리 부정적인 사람도 긍정적으로 변하는 것입니다. 긍정적으로 변하면 어떤 결과를 낳게 될까? 자신감이 생깁니다. 이 자신감이 새 지평을 열어 일을 해 나가는 것입니다. 긍정적인 사람이 모험심을 가지게 된다면 개척해 나가는 것입니다. 여러 형태의 마음을 먹고 결과를 도출해 낼 수 있습니다. 사랑을 합시다. 꼭 남녀 간의 성숙한 사랑만 사랑이 아닙니다. 부모와의 사랑, 형제간의 사랑, 내 이웃과의 사랑, 신과의 사랑, 친척들과의 사랑 이런 사람들로부터 여러 가지 마음을 먹고 결과를 도출해 낼 수 있습니다. 그렇습니다. 결과는 자신감으로 쌓여져 나올 것입니다. 그것을 풀다보면 여러 가지 내용들이 나타날 것입니다. 개인마다 틀리고 시간마다 틀리게 나타날 것입니다.

기록

시간적 여유가 주는 것은 생각할 여유를 갖게 하는 것입니다. 생각이 끝나면 여지없이 실행에 옮겨야 되고 시간은 촉박해 집니다. 결론적으로 우리의 빡빡한 일생은 한시도 편안한 날이 없다는 것을 보여 줍니다. 그 생활이 쳇바퀴 돌듯이 돈다면 얼마나 바쁘게 살겠는가! 지금이 그렇지 않는가! 일상에로의 여유, 그것은 생각할 틈이 있느냐 없느냐의 차이입니다. 시간을 내어서 생각할 틈을 낸다면 일상의 여유를 갖는 것이고 생각할 틈도 없다면 여유를 못 갖는 것입니다.

우리는 명상, 큐티라는 말을 들어 보았을 것입니다. 잠시나마 글을 읽고 그 글의 의미를 파악하기 위해 눈을 감고 깊이 생각에 잠기는 것을 말하는데 이 때 생각할 틈이 생깁니다. 일하기 전에 이렇게 한번 해 본다면 일상의 여유를 가지게 될 것입니다. 그것을 일에다 접목 시킬 수 있고, 생활에다 접목 시킬 수 있고 인생에다 접목 시킬 수 있습니다. 그런 틈을 내는 작업은 즐거움의 작업들입니다. 그런 깨달음의 시간들은 우리의 내면은 강하게 해 주고 환경을 좋게 변화시켜 갑니다.

승리 1

절대적인 즐거움이란 내 속에 있는 것입니다. 바깥이 아무리 힘들고 어려워도 내 속이 절대적으로 즐거우면 무조건 즐거운 것이고 이는 외부에 있는 것이 아니라 나의 내면에 즐거움이 가득차고 요령을 터득하여 즐기면서 일을 하면 절대적인 즐거움이 생깁니다. 그래서 어떠한 경우에서 즐거움이 형성되고 사라지지 않고 때에 맞춰 준비합니다. 그 형상이 절대적이라 할 수 있습니다. 생기고 사라지는 것이 한발 앞섭니다. 그래서 언제나 든든합니다.

아이가 엄마에게 업혀 있듯 안정되고 힘이 납니다. 그 절대적 즐거움은 일상생활에서 활력소요, 힘이요, 원기입니다. 그것을 통해 일을, 생활을 해 나가면 얻는 요소 들이 많습니다. 요령을 터득해서 즐기면서 해 보십시오. 과정 중에 위험의 요소들을 잘 헤쳐 나갈 것이며 능수능란 할 것이며, 중심이 될 것이며, 끝내는 승리 할 것입니다.

승리 2

첫 경험이 매우 중요합니다. 모두가 판단하는 것은 경험을 통해 얻은 지혜와 지식입니다. 그런데 더욱 중요한 것은 첫 경험 때의 지혜와 지식입니다. 그것이 오랜 기억 속에서 좌우합니다. 인생의 많은 부분들은 첫 경험이 좌우한다고 볼 수 있습니다. 그 결과 성과를 이루고 결과를 이루어 냈다고 보아도 과언이 아닙니다. 그런데 인생의 묘미는 대기만성이라는 결론도 있습니다. 처음에는 미약하고 초라했으나 나중에는 엄청난 결과를 낳는 사람들이 있는 것입니다. 그래서 인생은 경험이 중요한 것입니다. 첫 경험이 중요하고 나중에 되풀이 해 갈수록 더욱 경험이 쌓이는 것이 중요합니다. 경험의 중요성은 말할 필요도 없지만 경험자의 태도도 매주 중요합니다. 겸손하게 낮아져서 그러나 바른말 하는 그런 태도로 살아

간다면 경험은 상당한 의미를 가집니다. 공부를 경험하든, 일을 경험하든 태도의 여부에 따라 승패가 달라지는 경우를 우리는 많이 보아 왔습니다. 태도는 언제나 갈고 닦아야 할 우리의 모습인 것입니다. 태도를 잘 갖추고 실력을 잘 쌓으면 그 사람은 훌륭한 선수인 것입니다. 무엇을 하든지 해 볼 만한 사람입니다. 그렇습니다. 결국엔 경험이 많은 가운데 실력과 태도를 갖춘다면 훌륭한 선수, 테스트에 합격하는 우수한 재능인이 될 것입니다.

신인

즐거운 생활이란 신과 함께 하는 삶입니다. 보통으로 평범하게 건강하게 살면 잘 산다고 할 수 있습니다. 그러나 신과 함께 산다면 엄청 즐거워집니다. 즐거워서 행복한 미래가 보장되어 있으면 얼마나 좋을 까요! 그것이 신과 함께 사는 것입니다. 결론이 엄청 좋으면 신과 함께 살만 합니다. 왕년에 내가 갖지 못했던 비범한 능력들이 나오고 기적이 일어난다면 신과 함께 사는 것이 행복하고 즐거운 일이 될 것입니다. 그리고 인간관계도 잘 맺어진다면 엄청 좋을 것입니다. 이런 삶을 왜 마다하겠는가! 환영하고 또 환영하지 하고 싶어 원하고 또 원해도 누구 하나 제대로 신이 되는 길, 신과 함께 사는 길을 가르쳐 주지 않아서 답답할 뿐이었습니다. 지금 가르쳐 준다면 유튜브에 정도령(이태창)을 보십시오. 그러면 신이 되는 길, 신과 함께 사는 길이 열려 있습니다. 꼭 성공하길 바랍니다. 다른 길은 현재로서는 없습니다. 그 길을 따라가 보면 꼭 성공할 것입니다. 건투를 빕니다.

문제 2

아버지와 아들 사이에 무엇이 막히겠는가! 단지 교육적 목적으로 그러는 것이지 별탈이 없습니다. 교육은 이제부터다. 잘 따라서 해 보십시다. 그리고 새 출발하여 효도합시다. 옛 습관은 버립시다. 특히 싸움은 버리십시오. 대화로 풀어나가려 하십시오. 기분 좋도록 도와주세요. 내가 있으니 잘 될 겁니다.

사실

느껴지는 것과 사실이 틀릴 때 우리는 잠시 공황상태에 빠집니다. 그럴 때는 사실에 귀를 기울여야 합니다. 느낌은 주관적이고 상황적이라 변할 수가 있습니다. 그래서 틀릴 가능성이 많습니다. 그러나 알아 낸 사실은 객관적이며 현실적입니다. 그래서 믿을 수 있습니다. 그러니 사실 관계가 명확하면 진실 규명이 뚜렷해집니다.

성공 4

즐거워지는 것은 한 수 위의 말과 행동을 함으로 서로 웃음이 터트려집니다. 다 웃자고 하는 행동임을 알고 행할 때 즐거움이 계속됩니다. 너무나 행복한 시간을 보낼 수 있습니다. 서로 주고받으면서 너는 너답게 나는 나답게 서로 재미나게 주고받을 수 있습니다. 이때 종교를 떠나야 합니다. '종교적으로 생각해서 엉터립니다' 그렇게 말하면 할 이야기가 한정됩니다. 그럴 때에는 모든 것을 떠나야 합니다. 떠나서 재미있고 즐겁게 이야기해야 합니다. 웃으면 복이 와요. 복을 받는데 제한을 받아서야 되겠습니까. 남이 상처를 받지 않게 하는 묘미도 있어야겠지요. 법적으로 제한하는 부분도 잘 이야기 하겠지요. 그렇게 해서 웃음이 있으면 엄청난 즐거움이 있을 것입니다. 우리 사회에 이와 같은 웃음이 많이 사라지고 있는데 이런 웃음들이 많음으로 해서 복을 받는다는 사실을 잊지 말아야 합니다. 즐거움이, 웃음이 많으면 행복해지고 웃은 만큼, 쌓인 웃음만큼 나중에 복으로 돌아옵니다.

성공 5

자동적인 생각으로 남과 나를 구분한다면 사고의 불안감으로 스트레스를 받고 있는 것입니다. 너와 내가 우리가 되어 한 울타리가 될 때 스트레스는 사라집니다. 나와 너를 구분하고 쪼개고 나눌 때 엄청난 스트레스를 받습니다. 혼연일체가 되면 정신이나 육체가 시원하고 기가 흐르는 것을 느낍니다. 그래서 즐거운 시간들을 보냅니다. 내면의 쌓였던 나쁜 기억들이 사라지고 즐겁고 행복한 기억들이 용솟음 칩니다. 혼연일체 그것은 알고도 있지만 하기가 힘듭니다. 어떤 계기가 되어 이루어져야 되는데 그 계기가 잘 나타나지 않습니다. 그래서 방송에서나 뉴스에서 이슈를 찾는 것입니다. 혼연일체 그것은 모두에게 필요한 것이요 도약하는 길입니다. 잘 되는 길을 찾아봅시다. 꼭 돈을 많이 벌어 얻을 수 있는 것이 아닙니다. 마음만 먹으면 일상생활에서도 얼마든지 할 수 있는 것입니다. 그런 삶이 행복이요, 그 삶을 통해 에너지를 얻는 것입니다. 에너지를 소비하면서 혼연일체를 준비하지만 혼연일체가 되고 나면 에너지가 용솟음칩니다. 그 에너지로 미래를 감당할 수가 있습니다. 엄청난 에너지가 뒷받침 됩니다. 그냥 잠깐 동안의 에너지였지만 우리 몸에 비축되어 엄청난 힘으로 앞을 개척합니다.

생각

참 좋은 생각은 기분을 좋게 하면서 문제 해결하는 것입니다. 그러고 나서 상을 받게 된다면 얼마나 행복할까요! 나름 좋은 쪽으로 생각했지만 기분 좋지 않게 문제 해결도 상도 받지 못한다면 과히 좋은 그림은 아닙니다. 누구나 참 좋은 생각을 하기를 원할 것입니다. 그러나 생각의 깊이와 차이가 있기 때문에 참 좋은 생각을 못할 때가 많습니다. 그러면 참 좋은 생각은 어떻게 하면 할 수 있을까요? 그것은 생활 속에서 인생을 배워 나가면서 터득해 나가 얻는 것입니다. 거기에서 얻지 못한다면 가능성이 별로 없습니다. 생활의 도를 통해 깨달아 참 좋은 생각을 얻어 적용해 가면 상을 받을 수 있습니다.

올바른 길

사회적 입장을 본다면 궁색한 변명을 돼서 자신을 나타내면 성공할 것 같아도 진실을 규명하면 바른 삶을 삽니다. 적어도 거짓은 말하지 않기 때문에 형량도 줄고 당당합니다. 조금만 더 양심적이라면 전체의 진실을 밝힐 수 있습니다. 가장 고마운 점은 정치인들이 너나 할 것 없이 올바른 선택을 하기 시작한 점입니다. 너나 할 것 없는 모두의 선택이 바른 선택인 것입니다. 진실과 양심적인 정치가 나라를 살리는 것입니다.

무게 중심

지금의 때는 자중하지 않으면 할 일을 하지 못합니다. 워낙 변화가 빨리 되기 때문에 중심이 서 있어야 변화에도 견디어 낼 수 있습니다. 변화에 흘러만 간다면 끝이 없습니다. 스스로 자제를 하고 중심을 잡고 주체성을 발휘 해야만 합니다. 변화란 생활의 좋은 점, 편한 점들이겠지만 나의 주체성은 한발 물러선 판단력입니다. 다시금 판단하고 생활에 적용시켜 변화해 나가야 할 것입니다.

기

눈물이 많은 것과 웃음이 많은 것은 건강에 좋습니다. 눈물치료, 웃음치료가 효과가 있다는 것은 알려진 사실들입니다. 눈물, 웃음 다음은 뭘까요? 그것은 호흡입니다. 많은 호흡법들이 나와 있지만 딱히 큰 효과를 보여주는 것은 없습니다. 여기에 소개하는 호흡법은 쉽고도 효과가 큽니다. 숨을 크게 들어 마신 후 멈추고 4~5초 지난 후 내뱉습니다. 그것을 10분 정도만 하면 됩니다. 그리고 이마에 '도'를 생각하고 찬찬히 보는 것입니다. 이렇게 하고 나면, 하면서도 여러 가지를 얻을 수 있고 하고 나서도 굉장한 효과를 얻을 수 있습니다. 이것이 '도'에 들어간다고 하는 것인데, 특별한 호흡 없이도 '도'에 들어가면 됩니다.

기본

기본으로 들어가면 무엇을 해야 할지 어떻게 해야 할지 분명히 압니다. 하지만 무엇이 기본인지 모릅니다. 이 글을 읽는 분들은 유튜브의 정도령(이태창)을 보면 기본을 알 수 있습니다. 그것을 보고 깨달아 실행해 가면 많은 것을 얻을 수 있을 것입니다.

부정

현실을 부정하면 거짓된 삶이 된다.

자신감 1

자신의 일은 자신이 하는 것입니다. 그래서인지 모두다가 행복해지는 방법은 자신이 잘 되는 것입니다. 그리고 자신이 자신의 일을 잘 해 내는 것입니다. 자기는 뭘해도 잘 해 낼 것 같아도 막상 해 보면 잘 안 되는 그 상황에 모두가 기가 막힙니다. 뭘 봐도 참 된 자신은 자신의 일을 척척해 내는 자신 일 때 삽니다. 나는 뭘 해도 잘 하지만 중요한 때에는 안 되면 얼마나 속상할까! 하지만 평소땐 뭘 잘 못하더라도 일만 하게 되면 척척 잘한다면 이 사람은 신납니다. 평소에도 잘 하고 일도 잘하는 사람이 훌륭합니다. 그 중에서도 일을 잘하는 사람이 매력적입니다.

삶 1

죽음을 앞두고 삶을 고백할 때 명언이 나옵니다. 죽음은 우리의 삶의 결산이고 총정리입니다. 그러니 돌이켜 보지 않을 수가 없습니다. 죽음 가운데에 놓여 있으면 잘 잘못이 다 떠오릅니다. 그리고 평가 됩니다. 하지만 죽음 뒤에 생애를 준비한 사람들은 희망이 있는 것입니다. 죽고 나면 천국의 생활이 기다리고 있다고 믿기 때문에 죽음은 또 다른 시작인 것입니다. 조금은 불안하지만 새로운 기쁨으로 다가옵니다. 이 세상은 선택의 여지 없이 그냥 태어났습니다. 그러나 천국 생활은 선택입니다. 자신이 잘 준비하면 선택해서 들어갈 수 있는 것입니다. 우리는 늘 죽음을 앞두고 살아간다고 볼 수 있습니다. 우리의 삶을 고백합시다. 그러면 명언들이 쏟아질 것입니다.

세력

준비된 자는 준비된 만큼 쓰입니다. 의문은 있겠지만 준비된 가운데 있었던 일들이 사역 중에 일어나는 것입니다. 이 일이 왜 일어나는가? 의문을 품어 보면 과거 나의 훈련 중에 일어났던 일입니다. 다만 내가 깊은 관심을 가지지 않았고 사역자들이 말하지 않았을 뿐입니다. 그것을 자세히 상고하면 자신에게 그 일이 일어나서 앞으로 일어날 것을 예고했습니다. 다 지나고 나면 '어휴 신난다. 할 만하다' 나의 약점, 나의 그릇을 넓히기 위한 것입니다. 거대한 나로 자리매김 합니다. 얼마나 신기한지 모릅니다. 그렇습니다. 다시 말해 이해하면 즐겁고 행복한 것입니다. 그 부분들이 맞닥뜨렸을 때 감사하며 진행하면 되는 것입니다. 나에게 일어나는 일은 나의 훈련과정에서 다 일어난 것입니다. 잘 판단하고 평안하게 유지하면 됩니다. 일어 날 일이고 일어났으면, 잘 되면 되는 것입니다.

간다

나는 간다
이미 정해진 길로

나는 간다
누구도 방해 할 수 없는 길로

나는 간다.
다가갈 수 없는 길로

나는 간다
가야할 길로

나는 간다

인연따라

나는 가고 있네
예언의 길로

낙원까지

살기 힘든 세상입니다. 누구는 번쩍이는 헤드라이트를 받고 누구는 쓴 잔을 마시는 힘든 세상입니다. 이럴 때 좀 벗어나서 낙원을 맛보았으면 좋겠는데 방법이 없을까요? 잘 때 도에 들어가 보십시오. 꿈 속에서 낙원에 갈 수 있을 것입니다. 처음부터 되지는 않지만 몇 년간 하면 그렇게 됩니다. 잠자는 동안 낙원을 구경하게 되고 느끼고 먹고 즐길 수 있습니다.

동질성

전 세계를 다 둘러본대도 자신과 같은 사람은 없습니다. 그것은 같은 모양의 사람은 없다는 것입니다. 그런데 살다보면 나와 성격이 비슷하고 인격이 비슷하고 개성이 비슷한 사람을 만날 때가 종종 있습니다. 몸의 모습은 다르지만 내면의 모습은 비슷한 사람들은 종종 만납니다. 이를 볼 때에 우리는 동질성이라는 것이 외모가 아닌 내면이라는 것을 알 수 있습니다.

삶 2

삶 속에서 즐거움을 찾지 못하면 즐기지 못하게 됩니다. 조그만 것에도 즐거움을 찾아내면 그 시간은 즐겁고 행복합니다. 그러나 아무것도 없이 우울하게 지내면 무미건조합니다. 즐거움은 거저 얻어 지는 것이 아니라 찾아내어 밝히는 것입니다. 한 사실이 즐거움과 우울이 될 수 있는데, 이것을 즐거움으로 엮어 나가는 것이라 보면 되는 것입니다. 긍정적인 사고로 즐기면서 지내는 것입니다. 그렇게 지내다보면 행복의 도수가 높아지고 인생을 살아가는 묘법을 알게 되는 것입니다. '아하 이렇게 하면 되는 구나!' 이러면 일이 풀리는구나! 비결을 알게 되는 것입니다. 즐거움은 곧 즐기는 것을 연계시켜 줍니다. 그러는 가운데 마음속에 기쁨이 가득차고 엔돌핀이 가득차서 저항력이 큰 사람이 되어 강한 사람이 됩니다.

삶 속에서 즐기는 사람은 강한 사람이 됩니다.

착한마음

내면의 아름다움이란 착한 마음입니다. 착한 마음이란 남을 돕는 마음에서 출발합니다. 남은 힘들게 살아가는데 내가 도와주는 것이 도리라 생각되어 살펴주는 것입니다. 내 처지가 좋든 나쁘든 간에 내가 좋을 때 남을 많이 도와주면 인과의 법칙으로 내가 어려울 때 도움을 많이 받을 수 있다는 것입니다. 내가 힘들 때 도와주면 인과의 법칙으로 내가 더 잘 될 수 있다는 것입니다. 착한 마음 자체가 아름답습니다. 그래서 보는 우리가 행복하고 감동을 느낍니다.

꼭지점

꿋꿋한 생활을 하면 복이 온다 할 수 있습니다. 자신이 할 일을 다 하면 마음이 담대해 집니다. 정열적인 삶도 마찬가지입니다. 열의를 다하는 삶 속에서 힘을 얻을 수 있습니다. 힘과 용기도 그 속에 있습니다. 최선의 선택은 목표 달성을 향해 노력하는데 있습니다. 그 꼭지점에 가면 복이 와 있습니다. 성공하기를 바랍니다.

질서

질서가 바로 잡히려면 강한 힘이 필요합니다. 아래로부터의 힘도 중요합니다. 그 세력이 있어야 만이 질서가 확립됩니다. 아래로부터의 힘은 의지이며 결단입니다. 그런 여론이 확립되어야 위로부터의 힘이 작용했을 때 성공하게 됩니다. 그리하여 모든 곳에서 질서가 잡힙니다. 질서는 서열이고 능력입니다. 하지만 수평적으로 라인도 확립이 되어 있어야 합니다. 우리라는 개념이 확립되어야 합니다. 수직적이기도 하고 수평적이기도 해야 합니다. 형식적으로는 수직적이지만 내용적으로는 수평적인 그런 관계여야 질서가 확립되고 유지됩니다. 질서 자체가 불완전 할 때는 형식적인 것이 강하거나 내용적인 것이 약해졌을 때 그렇습니다. 그런 요소들을 가지고 불합적으로 분산되면 사회와 국가는 분열됩니다. 무엇이 중심이 되느냐, 강한 형식이냐, 평범한 형식이냐, 강한 내용이냐, 평범한 내용이냐 잘 살펴보면 그에 따른 답이 나옵니다. 그때그때 대처하면 질서는 잘 유지 될 것입니다. 질서유지는 내·외적인 것이 조화를 이루어야 합니다. 우리라는 개념 안에 질서를 위해서 내·외적인 것이 조화를 이루어 나가야 할 것입니다.

강한 부드러운

건강한 마음은 강한 마음과 부드러운 마음을 잘 조절하는 마음입니다. 건강하면 잘 조절이 되는데 병약하면 조절이 잘 안됩니다. 강한 마음이 강해졌다가 폭발해서 분노 조절이 안 되어 다스리지 못하고 부드러운 마음은 잘 조절이 되지 않습니다. 그러다 보니까 예민해 지는 것입니다. 공격성이 강해지는 것입니다. 자신이 잘 되고 남이 잘 되는 순서에 따라 자신의 완성을 위해 먼저 손을 쓰기 시작합니다. 그 결과 성과는 얼마 안 되더라도 결과에 집착하게 되고 좋은 조그마한 성과에 눈독 드리게 됩니다. 강하다가도 부드러운 마음으로 변하는 그런 건강한 마음을 가져야 합니다. 건강한 마음이 우리를 복되게 만듭니다. 그렇습니다. 부드러운 마음이 중요합니다. 사람들은 이기려는 마음에 강해지려고 하는데 건강이 최곱니다. 부드러운 마음이 얼마나 소중한지 모릅니다. 건강한 마음을 가집시다. 강한 마음을 가지고 살면서 부드러운 마음도 가져야 할 것입니다. 강한 마음보다 부드러운 마음을 가지는 것이 더 어렵습니다. 부드러운 삶, 그것은 안정적이요 안식입니다. 삶을 긍정적으로 살게 합니다. 큰 마음인 것입니다. 열심히 살아서 강하고 부드러운 마음을 가지고 잘 조절해 보도록 합시다.

살자

어떤 상황에도 중심을 잃으면 쓰러집니다. 할 때, 안 할 때 구분하면서 할 줄 알아야 가치가 있어 보입니다. 나쁜 행동을 했더라도 가만히 있어 정신 차리고 선한 행동을 하면 좋은 상황이 됩니다. 무조건은 아니지만 이런 행동들은 느낌에서 조절하면 됩니다. 잘 하다가도 느낌이 안 좋을 때는 그 느낌을 알아차리고 좋은 쪽으로 바꾸면 좋아집니다. 늘 그랬듯이 선택은 여러 가지입니다. 그 가운데 자신이 잘 선택하면 됩니다.

성장 2

잘하는 것을 선택하면 힘이 나고 자신감이 생깁니다. 그러다 보면 여유를 가지게 되어 예상치 않은 실력도 발휘하게 됩니다. 선택은 자유롭습니다. 되는 것을 잘 보고 해야 합니다. 잘 되겠다는 것은 자신은 알고 있습니다. 그것을 쫒아야 합니다. 그것이 되는 것을 잘 보아야 합니다. 잘 보고 결과를 도출해 내면 됩니다. 해결이란 나은 성장입니다. 성장이 되면 그것이 해결 되었다고 보면 되는 것입니다.

사두개인

‘사두개인은 어떠했고 바리세인은 어떠했다’ 이렇게 평가하면 너무 억울한 세대입니다. 한 사람 한 사람이 너무나 다르고 직업에 따라서 들리고 여러 형태의 선업을 쌓기 때문에 나누는 것이 다릅니다. 지금은 ‘누구야 누구야’하며 개인에 따라 평가 하는 것이 옳다고 보아야 할 것입니다. 그렇습니다. 곱디 고운 사람들을 뭉텅이로 분류하려 든다면 사실상 각종 의미에서 멀어집니다. 굳이 비슷하게 본다면 직업적으로 보면 비슷한 구석이 있습니다. 같은 직종에 있는 사람들끼리 동종의 의미를 가진다고 보겠습니다. 우리도 굳이 나누지 말고 한 개인으로 사랑하고 한 개인으로 존중합시다.

보안

준비중인 것을 할 때에는 보안이 철저해야 합니다. 한치의 누설도 없이 준비 되어야 자신감도 생기고 기대치도 높아집니다.

진실

자세한 것은 나중에 알게 됩니다. 모든 진실은 나중에 다 밝혀지게 되어 있습니다.

잘 난

못난 사람은 없습니다. 자기가 못났다 할 때 못 난 사람이 되는 것입니다. 상대적이기 때문에 그런 생각이 들 수도 있습니다. 하지만 자신은 태어난 목적이 있고 그 목적만 달성하면 되는 것이지 못난 모습을 형상 시킬 필요가 없습니다. 잘 난 사람은 또 무엇인가! 자신이 있고 잘 되는 길을 가고 있고 타인들이 도와주고 하니 기분 좋은 상황이 아닌가! 잘 난 사람도 교만하면 실추하는 법입니다. 그리고 자신의 태어난 목적을 할 의무가 있는 것입니다. 그 목적을 달성하기 위해 그렇게 잘 난 사람이 되는 것 입니다. '못난 사람이다' 단정 짓지 말고 잘 난 사람이 되도록 자신을 훈련시키고 주위 사람들을 잘 보살펴서 목표, 목적 달성을 하면 좋은 인생이 될 것입니다.

자신감 2

사실대로 적극적인 마음먹음은 공부하거나 일할 때 매우 중요합니다. 그렇게 보여진 마음대로 해보면 안의 내용들이 정확하게 전달됩니다. 그래서 쉽게 이해하고 오래도록 기억하게 됩니다. 정말 고운 말로 받아들이면 쉽게 내면화 됩니다. 야단을 치더라도 받아들이기를 '예, 그렇습니다.' 하며 받아들이면 쉽게 내면화 됩니다.

마무리 하며

글 쓰는 작업이 쉽지는 않았습니다. 하지만 꾹 참고 해 내었습니다. 조그만 것에도 생활에 적용이 되도록 노력했습니다. 다 읽고 나면 긍정적인 마음이 들도록 하였습니다. 잘 할 수 있다는 자신감과 지혜를 넣었습니다. 결과는 읽고 실천해 보십시오. 실천해 보시면 더 나은 결과물을 얻을 것입니다. 이 책이 끝이 아니라 시작입니다. 다음 책을 준비하겠습니다.

-작가의 말

시간 따로 여행

-시간이 필요 없는 영원의 여행

정가 13,000원

지은이 이태창
펴낸이 조준형
표지 및 편집 송영미

2019년 1월 5일 초판 1쇄 발행

펴낸곳 도서출판 **스토리팜** storyfarm book
주소 부산광역시 중구 구덕로 38. 2층 (남포동 4가 2-4)
전화 051) 253-0001 팩스 051) 245-1187
등록 제 2011-000004호 www.storyfarmbook.com

도서출판 스토리팜에서는 여러분의 소중한 원고와 함께 할 기회를 기다리고 있습니다. 책으로 엮을 원고나 아이디어가 있으신 분들은 이메일 mwdangbook@hanmail.net로 책에 대한 간단한 개요와 원고 전체 또는 일부를 연락처와 함께 보내주십시오.

이 도서의 국립중앙도서관 출판예정도서목록(CIP)은 서지정보유통지원시스템 홈페이지(http://seoji.nl.go.kr)와 국가자료종합목록시스템(http://www.nl.go.kr/kolisnet)에서 이용하실 수 있습니다. (CIP제어번호 : CIP2018040338)

ISBN 978-89-966515-9-8

도서출판 스토리팜은 해광출판사의 단행본 임프린트 출판사입니다.

*이도서의 소제목은 포천막걸리체가 사용되었습니다.